Émile Michel

Amsterdam et la Hollande vers 1630

Beaux-Arts

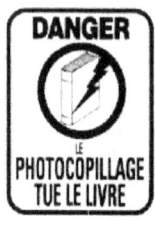
ISBN : 978-1721893782

10 9 8 7 6 5 4 3 2 1

Émile Michel

Amsterdam et la Hollande vers 1630

Beaux-Arts

Table de Matières

Introduction

À mesure qu'on étudie de plus près l'art hollandais, on reconnaît que ses attaches avec la vie et les mœurs de la nation elle-même sont très nombreuses et très étroites, et que, pour le bien comprendre, il est nécessaire de se faire une idée de ce peuple et des diverses manifestations de son activité. Plusieurs publications récentes nous permettent aujourd'hui de- mieux en juger l'ensemble. Deux recueils périodiques ont surtout contribué à remettre en honneur le passé intellectuel et artistique de la Hollande : l'*Archief*, fondé par M. Obreen, le directeur du Ryks museum, et *Oud-Holland*, confié à la savante direction de M. de Roever, archiviste d'Amsterdam, et de M. A. Bredius, le critique bien connu, nommé depuis peu directeur du musée de La Haye. De son côté, dans une *Histoire de la littérature néerlandaise*, parue en 1888, Mlle Schneider a utilisé non-seulement les travaux de ses prédécesseurs, mais aussi les matériaux recueillis par M. F. de Hellwald et dont une mort prématurée l'avait empêché de tirer parti. Peut-être aurions-nous à faire quelques réserves à propos du germanisme un peu exclusif qui, en plus d'un endroit, anime cet ouvrage ; mais, sans vouloir l'apprécier en lui-même, nous nous sommes contenté d'y puiser quelques-unes des indications qui nous ont paru se rapporter plus particulièrement à notre sujet. Enfin, une autre publication, à la fois plus originale et plus importante, et à laquelle nous ferons de plus larges emprunts, est due à un Hollandais, M. Busken-Huet, qui n'a survécu que peu de temps à l'achèvement de l'ouvrage. Son titre seul : *le Pays de Rembrandt*, nous prouve que dans la pensée de l'auteur l'art de sa patrie ne pouvait être séparé du mouvement général de son histoire. Telle était déjà d'ailleurs l'opinion du regretté Vosmaer dans son *Rembrandt*, et, en cherchant à replacer le maître dans son vrai milieu, il s'était appliqué à mettre mieux en relief l'originalité de son génie. Amené par nos propres études sur Rembrandt à profiter de tous les travaux de nos devanciers, il nous a paru intéressant de relever ici quelques-uns des traits les plus saillants qu'un grand nombre d'informations nouvelles nous ont offerts sur la vie et les mœurs en Hollande, à l'époque où le jeune artiste allait quitter Leyde, sa ville natale, pour se fixer à Amsterdam, alors dans tout l'éclat de sa prospérité.

Section I

À voir la situation d'Amsterdam se déployant en éventail en face de la mer, son vaste port, ses canaux concentriques, qui la mettent en communication avec le reste du pays, on sent que c'était là une place marquée d'avance pour une ville dont le commerce allait s'étendre au monde entier. Cependant, les commencements de cette Venise du Nord ont été bien modestes et ses accroissements marqués par une lutte persistante contre des difficultés de toute sorte. Pendant longtemps, simple bourgade de pêcheurs dispersés sur les îlots que forment les alluvions de l'Amstel, elle demeure comme un des témoignages les plus significatifs de cette industrieuse intelligence et de cette ténacité héroïque auxquelles la Hollande elle-même doit sa naissance, sa conservation et sa grandeur. On a souvent comparé ce pays à une immense place forte, créée par l'homme, incessamment défendue par lui contre des ennemis toujours menaçants, conjurés entre eux afin de la surprendre et de l'anéantir. Toutes les forces de la nature semblent, en effet, coalisées ici pour une œuvre de destruction. C'est la mer dont le niveau, sur une grande étendue de cette contrée, est supérieur à celui de la terre qu'il faut protéger contre ses assauts furieux. C'est cette terre elle-même, friable, sans consistance, délayée par le courant des fleuves, minée par la couche profonde des eaux. C'est le vent qui du large souffle presque sans relâche et sans obstacle, qui soulève et disperse le sable des rivages à travers les vastes solitudes de la dune, tandis que plus loin il ploie violemment les arbres sur son passage et tord ou arrache leurs ramures convulsées.

Le Hollandais a triomphé de tous ces ennemis ; biaisant avec eux ou les attaquant de front, leur cédant sur un point pour accumuler sur d'autres ses moyens de défense, il est arrivé à les maîtriser et les contenir. Bien plus, en les mettant aux prises les uns avec les autres, il parvient à les faire travailler à son profit. Par sa vigilance, la mer reste suspendue au-dessus de ses plaines ; les côtes basses sont protégées contre elle, ici par de simples amas de fascines, là, aux endroits les plus vulnérables, par des digues gigantesques dont les blocs de granit arrachés au loin ont été amenés à grands frais et entassés par monceaux. Des canaux creusés de main d'homme assurent à l'eau des fleuves un écoulement, et des chasses établies leur donnent une profondeur suffisante pour permettre la navigation. Judicieusement réparties sur tout le territoire, ces grandes artères aquatiques deviennent les moyens de transport les plus économiques ; les plus petites servent de clôture aux propriétés, elles emprisonnent dans leurs pâturages les troupeaux qui se gardent ainsi eux-mêmes. Quant au vent, sa fureur est amortie et comme usée par une série de plantations ingénieusement combinées, entretenues avec soin pour résister à ses assauts. Ce sont d'abord des herbes chétives, repiquées une à une, puis des arbrisseaux rampants dont les racines fortement cramponnées au sol fixent peu à peu la dune. Derrière ces écrans méthodiquement disposés, croissent des végétations de plus en plus élevées qui se prêtent un mutuel appui, s'étagent et finissent par s'épanouir en magnifiques ombrages. Mais c'est peu d'avoir ainsi dompté les violences du vent ; le Hollandais a fait de lui un collaborateur toujours disponible. Des moulins innombrables guettent ses moindres souffles pour ébranler leurs grandes ailes et accomplir les tâches les plus variées : la mouture des grains de toute sorte, l'exhaussement ou le dessèchement des eaux, qui sont épuisées ou déversées dans les canaux voisins.

Dans ce pays qui tout entier est le produit du labeur humain, l'établissement des villes amène des problèmes plus compliqués encore. Le sol mouvant ne saurait supporter des constructions, pour lesquelles d'ailleurs la pierre fait absolument défaut. Des briques suppléeront à la pierre, et grâce à une forêt de pilotis profondément enfoncés et serrés les uns contre les autres, on obtiendra à force de travail et d'argent le fond solide sur lequel pourront s'élever des édifices considérables. On connaît le propos d'Érasme qui, parlant d'Amsterdam même, la signale comme une ville singulière « où les habitants vivent perchés sur des arbres, à la manière des corbeaux. »

On le voit, pour se procurer des biens et une sécurité que la nature a largement dispensés à d'autres contrées, il a fallu ici de longs efforts, un courage et une opiniâtreté prodigieux. Mais une situation si menaçante maintient l'énergie et stimule l'intelligence. Comme chacun a besoin du concours de tous et que chacun aussi ne doit, à l'occasion, compter que sur lui-même, avec l'esprit d'association se développe l'exercice de la volonté individuelle, et la nation qui, aux prises avec une nature et inclémente, a su la dompter, acquiert à la longue une trempe morale qui assurera sa supériorité sur des peuples plus favorisés. Ce sol façonné par elle et déjà conquis sur les éléments, elle achèvera de le rendre sien en se donnant ses croyances, sa liberté, sa politique, son commerce et ses industries. Imprimant un remarquable essor au mouvement scientifique, elle se fera en même temps, et de toutes pièces, un art nouveau, qui, sans s'inquiéter des traditions, sera conforme à ses aspirations et à ses goûts.

De bonne heure, elle a joui d'une culture générale très élevée et surtout très répandue. Au XVe siècle, Guicciardini s'étonne déjà que « les gens les plus ordinaires y connaissent les règles de la grammaire et sachent presque tous, même les paysans, lire et écrire. » Avec l'habitude de penser par eux-mêmes et le besoin d'indépendance qui est en eux, la plus grande partie des habitants avait embrassé la réforme. Les cruautés auxquelles leurs dominateurs eurent recours pour déraciner l'hérésie ne purent que faire pénétrer plus fortement dans ces âmes énergiques des croyances que les persécutions leur rendaient plus sacrées encore. L'héroïsme de la résistance s'accrut avec les horreurs de la compression. Sous le coup des violences qui leur sont faites, de simples bourgeois proclament leur droit et leur devoir avec un langage d'une simplicité et d'une noblesse admirables. Dans le compromis de 1566, les négociants de Deventer jurent « par solennel et inviolable serment à Dieu, qu'à l'avenir ils n'endureront, en façon que ce soit, qu'aucune moleste ou recherche leur soit faite pour le fait de leur religion… Prenant Dieu pour témoin de leur intégrité, ils le prient de les vouloir pourvoir de conseil, force et dextérité pour la maintenir non-seulement d'écrits et paroles, mais y employer leurs propres corps et biens. » C'étaient là, en effet, mieux que des paroles, et ils le firent bien paraître. D'un bout du pays à l'autre, le signal du soulèvement contre l'étranger avait été donné, et dans cette armée improvisée par les rebelles, tous les moyens étaient bons : on les voyait à l'envi harceler l'Espagnol, le chasser de leurs villes, ouvrir contre lui leurs digues, soutenir des 6ièges héroïques. Des Flandres, où la résistance avait été moins vive, les protestants les plus attachés à leurs croyances émigraient vers le nord, et une grande quantité de ces émigrés d'Anvers était venue se fixer dans les principales villes de la Hollande, surtout à Amsterdam. Accueillis avec sympathie, ils allaient mettre au service de leur nouvelle patrie leur énergie et leur expérience des affaires et ils s'y faisaient bientôt leur place en contribuant à sa prospérité.

Vers 1630, Amsterdam avait pria un développement considérable. plus heureuse que bien d'autres villes, elle n'avait pas eu à souffrir, comme Alkmar, Leyde ou Harlem. Presque sans effusion de sang, elle renvoyait les oppresseurs et attendait l'issue de la lutte à l'abri de ses digues. Mais du moins elle avait activement participé au succès de la guerre maritime. C'est là que se formaient, c'est de là que partaient les flottes, qui allaient pour un temps assurer la suprématie navale de ce petit pays et mériter à ses intrépides marins, à ses amiraux, à ses colonisateurs une gloire immortelle. Il nous suffira de citer à cet égard les noms de J. van Heemskerk, de Van der Doës, de Linschoten, de Gerrit de Veer, de Barentsz, de Tocht, de Pieter Hein, de Tromp, des de Ruyter, de Jan Pietersz Coen, le héros de la colonisation, et de son lieutenant, ce Pieter Van den Broeck, le fondateur de Batavia, dont Hals peignait en 1633 le portrait [1]. Déjà, à la période guerrière succédait une ère de sécurité relative, utilement employée à l'extension du commerce et à la conquête de possessions lointaines. Le besoin comme le génie de la race y poussait les Hollandais. Ainsi que le disait dès 1532 le comte Antoine de Lalaing, gouverneur des Pays-Bas pour le compte de Charles-Quint, ils avaient compris « qu'ils ne pouvaient subsister ni s'entretenir sans la navigation et qu'il n'y avait pas d'autre moyen d'aider les habitants du pays, car il y a peu de terre et beaucoup de peuple [2]. » Plus tard, cette situation ne frappait pas moins le chevalier Temple, ambassadeur de l'Angleterre, et dans ses *Remarques sur l'état des Provinces-Unies* (La Haye, 1682), il constatait que « la république, étant sortie de la mer, en a aussi premièrement tiré la force par laquelle elle s'est fait considérer et ensuite ses richesses et sa grandeur… On doit croire que l'eau a partagé avec la terre et que le nombre de ceux qui vivent dans les barques ne le cède pas à celui des hommes qui vivent dans les maisons. »

La population sédentaire avait, il est vrai, cherché à tirer tout le parti possible de la terre. Avec ce bon sens pratique qu'elle montre en toutes choses, elle apprenait à fumer la viande et à saler le beurre que lui procurait son bétail, sa principale richesse, et ses fromages et son beurre faisaient l'objet d'une exportation considérable. De leur côté, les marins avaient aussi trouvé le moyen de conserver le saumon et la morue et d'encaquer le hareng qu'ils allaient pêcher au loin. Mais ces ressources, en somme, étaient peu de chose au prix de celles que son commerce allait bientôt fournir à cette nation en la mettant au premier rang. En Danemark, en Suède et en Norvège, d'où elle tirait ses métaux et ses bois de construction, elle supplantait peu à peu les villes hanséatiques, qui jusque-là y avaient eu le monopole du commerce. Ses relations avec ces contrées étaient devenues si fréquentes que beaucoup de familles originaires des Pays-Bas s'y étaient établies et y avaient ouvert des débouchés, non-seulement à l'industrie, mais encore aux arts de leur patrie. L'excellent livre de M. Olof Granberg, sur les *Collections privées de la Suède* [3], nous a révélé le grand nombre de tableaux de l'école hollandaise qui s'y trouvent, et plusieurs peintres néerlandais ont fait dans ces régions des séjours plus ou moins prolongés ou même des établissements définitifs, comme le fils de Van Mander et J. Glauber à la cour de Danemark, ou G. Camphuysen, Ab. Wuchters, David Beck et T. Gelton à celle de Stockholm.

Mais des traversées plus audacieuses, plus fertiles en résultats, marquent cette époque. Avec la fin du XIVe siècle commencent ces expéditions polaires qui donneront la mesure du courage et de la fermeté stoïque dont sont capables ces hardis navigateurs. Poussant vers l'extrême nord, au Spitzberg, à la Nouvelle-Zemble (1596), en quête du passage depuis si souvent tenté vers le pôle Nord, surpris et enfermés dans les glaces, où ils sont contraints d'hiverner, ils affrontent, sous des latitudes jusque-là inconnues et presque sans ressources, la rigueur et les longues obscurités de ces rudes climats. Dans leur mâle concision, les journaux de bord de ces captifs héroïques nous font connaître la sublimité de leur foi religieuse, l'appui charitable qu'ils se prêtent mutuellement, la force d'âme avec laquelle ils supportent les privations et les périls auxquels ils sont exposés. Sans courir des dangers pareils, ces explorateurs infatigables trouvent vers ce même temps sur d'autres mers des conquêtes plus fructueuses. C'est le 2 avril 1595 qu'étaient partis d'Amsterdam les quatre bateaux qui pour la première fois abordèrent aux Grandes-Indes ; deux ans après, trois seulement rentraient au port, laissant derrière eux des relations nouées, des comptoirs établis dans des parages où les Portugais seuls avaient eu accès jusqu'alors. Enhardis par ces succès, les armateurs avaient équipé d'autres navires, et des compagnies s'étaient formées, d'abord isolées, puis fondues en 1602 dans la grande compagnie des Indes orientales. En 1621, celle des Indes occidentales activait encore l'accroissement du commerce de la Hollande, dont les vaisseaux couvraient les mers et qui possédait à ce moment presque la moitié de la marine marchande de tout l'univers. De Java, de Bornéo, du Brésil, ses navires revenaient chargés de café, d'épices, de bois rares, d'animaux, de plantes et d'une foule d'objets précieux qui rendaient l'Europe sa tributaire. Avec le commerce se développaient aussi les moyens de transaction et les banques destinées à faciliter le mouvement des fonds. L'argent affluait de toutes parts à Amsterdam ; sa Bourse était le siège des opérations financières les plus lucratives, et le cours de l'argent y était réglé pour le monde entier. En même temps, l'utilité d'informations précises sur la politique, sur la production des divers pays, sur la valeur variable des marchandises et sur toutes les particularités dont la communication peut intéresser le public, donnait naissance au journalisme, et la *Gazette de Hollande*, avec le crédit dont elle jouissait en Europe, inaugurait la puissance de la presse.

Amsterdam restait le centre d'un mouvement et d'une expansion de vie dont l'histoire a rarement offert le spectacle. L'activité qui y régnait frappait tous les étrangers, et nous avons sur ce point le témoignage de Descartes, bien placé pour l'observer. On sait que, venu une première fois en Hollande en 1617, le philosophe y avait ensuite séjourné sans interruption pendant dix ans. Installé d'abord à Amsterdam, de 1629 jusqu'au milieu de 1632, il était heureux des facilités de travail qu'il y rencontrait, vivant dans un isolement complet et pouvant à sa guise suivre ses idées ou se livrer à ses recherches scientifiques. Pendant un hiver entier, il y étudie l'anatomie et se fait apporter par son boucher les portions de bêtes qu'il voulait « anatomiser plus à loisir. » D'autres fois, il est en relations avec les fabricants de verres à lunettes, pour se rendre compte des conditions de la vision et des lois de l'optique. Il trouve autour de lui des savants qui s'intéressent aux problèmes les plus variés de l'acoustique, ou bien il envoie en France des graines de plantes exotiques cultivées dans les jardins botaniques des universités voisines.

C'était là, pour ce curieux et ce solitaire, un lieu de recueillement privilégié. Parmi cette population affairée, il goûtait le charme de sa retraite. Dans une lettre écrite à Balzac et datée d'Amsterdam le 15 mai 1631, il exprime l'émerveillement que lui cause ce spectacle : « En cette grande ville où je suis, n'y ayant aucun homme, excepté moi, qui n'exerce la marchandise, chacun est tellement attentif à son profit que j'y pourrais demeurer toute ma vie sans être jamais vu de personne. « Il ne saurait trop vanter les avantages et les ressources de ce séjour, et dans la satisfaction qu'il éprouve à y vivre, il ajoute : « S'il y a du plaisir à voir croître les fruits de nos vergers, pensez-vous qu'il n'y en ait pas bien autant à voir venir ici des vaisseaux qui nous apportent abondamment tout ce que produisent les Indes et tout ce qu'il y a de rare en Europe ? Quel autre pays pourrait-on choisir au reste du monde où toutes les commodités de la vie et toutes les curiosités qui peuvent être souhaitées soient si faciles à trouver qu'en celui-ci ? Quel autre où l'on puisse jouir d'une liberté si entière ? » Il revient sur ce sujet en publiant six ans après son *Discours sur la méthode*, et s'applaudit « d'être perdu parmi la foule d'un grand peuple fort actif et plus soigneux de ses propres affaires que curieux de celles d'autrui ; chez lequel, sans manquer d'aucune des commodités qui sont dans les villes les plus fréquentées, il a pu vivre aussi solitaire que dans les déserts les plus écartés [4]. Quarante ans plus tard, bien qu'il dût éprouver un jour l'intolérance de ses concitoyens, Spinoza rendait un hommage pareil à cette ville d'Amsterdam, « aujourd'hui au comble de la prospérité et admirée de toutes les contrées… où tous, à quelque nation, à quelque secte qu'ils appartiennent, vivent dans une concorde extrême [5]. »

Avec la richesse croissante, l'aspect d'Amsterdam s'était peu à peu modifié. Si c'est là qu'aboutissaient les trésors du monde, c'est là aussi qu'ils étaient dépensés. Les grands commerçants qui avaient fait fortune avaient à cœur, comme autrefois les marchands de Florence, de se distinguer par l'élévation de leurs goûts. Plusieurs étaient à la tête du mouvement intellectuel ; ils encourageaient les arts ou cultivaient eux-mêmes les lettres. L'intelligence, l'honnêteté qu'ils apportaient dans la conduite de leurs affaires, ils les montraient dans la gestion des intérêts publics. Un même sentiment de solidarité unissait entre elles les diverses cités, et dans chacune d'elles tous les habitants, pour travailler au bien général. Aussi la politique n'était pas en Hollande, ainsi que chez la plupart des autres peuples, un apanage réservé par la naissance à quelques familles patriciennes. Tous ceux que leur mérite propre désignait aux suffrages de leurs concitoyens y avaient accès, et c'est avec un sentiment de modestie personnelle et de fierté patriotique qu'un homme tel que Olden Barneveldt pouvait dire : « La science politique chez nous n'est pas un mystère confié à un petit nombre, le privilège de quelques-uns seulement. Nous traitons nos affaires à portes ouvertes, et il appartient à la moindre de nos villes de prendre part à la politique et de s'associer à des décisions qui peuvent intéresser le sort de la patrie. »

Entrés tard dans le concert des nations, les Hollandais n'y figurent pas comme des parvenus. Avec leur rectitude d'esprit et leur sagesse pratique, leurs diplomates savent s'y faire une place. Ils commandent l'estime par leur sûreté et démêlent avec une rare perspicacité l'attitude qu'il leur faut tenir en face d'hommes rompus aux finesses du métier. Ils prennent leur rang parmi eux sans jactance, sans fausse humilité. C'est ainsi que Ter Borch les a représentés dans son célèbre tableau du *Congrès de Munster*. L'orgueil en cette circonstance leur serait pourtant bien permis : ils sont arrivés à leurs fins, et après une lutte héroïque, ils ont forcé leurs anciens dominateurs à consacrer leurs droits par un traité solennel. Leur maintien cependant reste grave, recueilli, plein de dignité et de courtoisie ; n'étaient leurs costumes plus sévères, on aurait quelque peine à distinguer les vainqueurs des vaincus.

Le dévouement à la chose publique est la règle de tous. Ce sentiment de solidarité qui règne entre les citoyens donne à la personne même et aux traits du visage une noblesse naturelle. De simples particuliers semblent des personnages ; on les sent capables de grandes choses. A voir ces hommes vêtus de noir que Rembrandt nous montre réunis autour d'une table, vous diriez les premiers magistrats de la nation, conférant entre eux de ses destinées, dans une de ces occasions solennelles qui décident de la vie d'un peuple. Ce sont simplement les syndics des drapiers d'Amsterdam qui s'occupent des menus intérêts de leur corporation. Mais ces intérêts touchent par plus d'un point à ceux mêmes du pays tout entier, et ces hommes sont aptes à juger dans quelle mesure ils peuvent s'accorder avec ceux-ci. A l'ordre, à la probité la plus scrupuleuse, à une constante vigilance, ils joignent l'intelligence et la décision ; toutes ces qualités ne font-elles pas la sécurité et la grandeur d'un état où, sans se payer de chimères, ni d'abstractions, l'on vise des résultats positifs ? Ces détails professionnels bien compris, et cette expérience des transactions donnent à ceux qui seront appelés dans les conseils de la nation des vues plus étendues, et ces esprits actifs, solides, pondérés, se préparent ainsi à traiter les affaires publiques. A certains moments d'ailleurs, et bien qu'ils sachent compter et qu'ils se montrent sagement économes des fonds qu'ils administrent, ces petits bourgeois sont magnifiques et s'il s'agit, au nom de leur ville ou de la république, de recevoir des princes ou des souverains, comme les ducs de Holstein et de Brunswick et le roi de Bohème, ou de rendre hommage à Marie de Médicis à son arrivée en exil, ils n'épargneront ni leur peine, ni leur dépense, et leur hospitalité sera digne de leurs hôtes. Aussi, suivant la remarque de M. Springer [6], même quand les modèles appartiennent à la condition la plus modeste, les portraits de cette époque ont-ils la valeur de documents historiques. L'esprit de ces temps glorieux y revit, et, en reproduisant fidèlement la ressemblance de leurs modèles, les peintres de l'école hollandaise ont exprimé quelque chose de la grandeur attachée à la vie même de la nation.

Section II

La sagesse pratique et l'esprit de conduite de ce peuple, nous les retrouverons dans tous les témoignages de son activité. L'exercice de la raison est maintenu chez lui par un sens moral très élevé qui dérive de sa façon de comprendre la religion, car celle-ci a également revêtu en Hollande une forme très particulière. Tout ce qui peut éveiller et développer ce sens moral fait partie de la religion. Sans doute, là aussi, nous rencontrons des théologiens ardents à la controverse, continuateurs attardés de la scolastique, féconds en raisonnements subtils et en vaines dissertations, et à côté d'eux, des politiques désireux de perdre leurs adversaires comme fauteurs d'hérésie ou d'impiété, qui ne répugnent à aucun moyen et vont de préférence aux plus violents. Mais en dehors de ces meneurs, au fond de toutes ces questions de grâce et de prédestination qui passionnent certains esprits, la seule chose nécessaire, le salut, comporte moins de formules et de rites, il s'accommode d'un idéal moyen de doctrines sensées ; la continuité et le sérieux des efforts remplacent les raffinements et les élans du mysticisme. Ce sont des gens de sens rassis, contenus, qui n'ont pas besoin de beaucoup d'expansion et qui, même en ces questions, cherchent à ne pas perdre pied. Soucieux avant tout de voir où ils vont, ils ne veulent pas s'égarer en visant trop haut. Leurs sectes, il est vrai, sont innombrables : luthériens, calvinistes, remontrants, contre-remontrants, mennonites, anabaptistes et bien d'autres encore, plus ou moins directement engagés dans ces disputes. Mais le plus grand nombre a surtout en vue un but pratique, une vie droite et foncièrement honnête, la chasteté, la fidélité aux engagements pris, les vertus de famille, un christianisme qui développe la charité et qui règle les devoirs prochains des hommes les uns envers les autres. D'ailleurs, une élite s'est formée d'esprits tolérants qui, bien que professant des croyances différentes, s'estiment mutuellement, restent unis par la plus tendre affection et apprennent mieux encore en se pratiquant, qu'avec des convictions très opposées on peut avoir des vies également exemplaires.

Ce n'est pas que l'enseignement dogmatique de la religion et les recherches qui y ont trait soient délaissés. Mais là encore on retrouve les exigences de ces esprits nets et méthodiques. Ils s'efforcent de trouver un terrain solide, acceptable pour tous, et ils ne négligent rien pour l'établir. Comme les livres sacrés constituent le fond même sur lequel sont édifiées leurs croyances, il importe d'en fixer avec soin un texte définitif, qui fasse foi, ou du moins qui puisse être proposé aux masses avec des garanties suffisantes. Dans ces questions d'exégèse, ils sont aidés par les membres de la colonie israélite qui ont été libéralement accueillis en Hollande. C'est à Amsterdam surtout qu'ils ont reçu asile, et avant le milieu du xvire siècle, on n'y compte pas moins de 400 familles juives venues pour la plupart du Portugal. Elles vivent réunies dans un quartier à part, mais ce n'est point, comme à Rome ou à Francfort, un *ghetto* où elles sont cantonnées et dont elles ne peuvent s'écarter. En 1657, ces émigrés arriveront à une complète émancipation, civile et religieuse, et ils joueront un rôle important dans les destinées du peuple juif. De leur « nouvelle Jérusalem, » ils ne cessent pas d'entretenir des relations avec les communautés issues de la leur en Angleterre, en Danemark et à Hambourg. Quelques-uns d'entre eux se distinguent par leur instruction et leur caractère. Plusieurs se sont adonnés à l'étude de la médecine, comme cet Ephraïm Bonus dont Rembrandt et son ami Lievens ont tous deux fait le portrait, et c'est à eux qu'est dû l'introduction de quelques-uns des moyens thérapeutiques usités chez les Arabes. D'autres s'occupent de commerce et vont sur des vaisseaux hollandais établir des comptoirs à Surinam ou au Brésil. Enfin, parmi leurs rabbins, on compte des hébraïsants, qui fraient avec les ministres les plus éclairés de la Hollande et sont souvent consultés par eux. L'un d'eux, Joseph Athias, le savant imprimeur, reçoit l'approbation des professeurs de l'université de Leyde pour la publication d'une Bible en hébreu, et en 1677 les États-généraux le gratifient d'une chaîne d'or. Bientôt, du reste, dans cette patrie d'adoption où ils ont été heureux de s'établir, on les voit s'entre-déchirer et, à peine échappés à la persécution, tourner contre eux-mêmes cet esprit d'intolérance dont pendant des siècles ils ont été les victimes. Poussés par le vain désir de maintenir leur orthodoxie aux yeux de leurs nouveaux compatriotes, ils se disputent et se condamnent mutuellement.

Deux d'entre eux, et des plus illustres, devaient plus particulièrement être en butte aux violences qui régnaient alors dans les luttes religieuses. Le premier, Uriel Acosta, avait apporté de Portugal l'illusion qu'il rencontrerait à Amsterdam un judaïsme moins formaliste ; il allait, au contraire, retrouver une synagogue encore plus strictement attachée aux traditions du Talmud et disposée à combattre toutes les dissidences. Les anathèmes prononcés contre lui et qui, pendant plus de vingt ans, le mirent au ban de la communauté, dépassaient la mesure de ce que son âme inquiète pouvait, supporter, et, accablé sous le poids de ces outrages publics, il avait mis fin à ses jours en se tirant un coup de pistolet. Quant à Spinoza, on sait quelle fut plus tard sa destinée et les persécutions qu'eut à subir le philosophe qui, avec Rembrandt et comme lui méconnu de ses contemporains, est aujourd'hui une des gloires les plus hautes de la Hollande. En regard de ces ardeurs et de ces excès des rabbins, on aime à signaler la modération d'un pacifique comme ce Menassen-ben-Israël qui, tout en rêvant pour « le peuple de Dieu » une ère de prospérité et de concorde, ne voulait pas du moins recourir à d'autres armes que la persuasion [7].

Dans le protestantisme tel qu'il était pratiqué en Hollande, la bienfaisance tenait une large place. La façon dont elle y est comprise témoigne de cet esprit de charité chrétienne qui unit entre elles toutes les classes de la nation et qui, chez elle, s'exerce sous toutes ses formes. Distributions de secours, hôpitaux, maisons de lépreux, orphelinats, hospices de vieillards, ces diverses œuvres de miséricorde ont pris, en s'acclimatant dans ce pays, une physionomie particulière. Qu'elles soient fondées ou soutenues par des particuliers ou des municipalités, toutes ces nombreuses institutions sont administrées avec une telle sagesse et une si intelligente prévoyance que leurs règlements fonctionnent encore aujourd'hui. Les citoyens les plus éminents, les patriciennes les plus considérées tiennent à honneur de faire partie de leurs comités, vérifient scrupuleusement les dépenses et couvrent, à l'occasion, les déficits par les dons les plus généreux. Partout règnent l'ordre et la propreté la plus minutieuse. A côté des régents ou des régentes auxquels est réservée la haute direction, la directrice effective de ces établissements reçoit le nom de *mère*. Dans la salle de réunion du conseil figurent les portraits des administrateurs ou des personnes qui sont venues en aide à la fondation, portraits peints parfois par d'anciens pensionnaires, assistés pendant leur enfance, ou par des artistes célèbres. Ce sont comme autant de petits musées, dont quelques-uns subsistent encore maintenant et possèdent des œuvres très remarquables. C'est de la fondation Beresteyn à Harlem que proviennent les portraits de Hais, achetés il y a quelques années pour le Louvre, et le charmant portrait de jeune fille de cette famille, acquis précédemment par Mme de Rothschild de Francfort pour 211,500 francs. A l'orphelinat municipal de la Kalverstraat à Amsterdam, on peut encore voir des toiles de premier ordre de Jacob Backer, Jurioen Oven, Ab. de Vries, etc., et dans cette même ville, dans la salle de la communauté des Bemontrans, un beau portrait par Th. de Keyser et un autre de J. Uysenbogaert par J. Backer. Qu'il ne se mêlât pas quelque vanité à ces représentations et que, comme d'ordinaire, l'amour-propre n'y trouvât pas son compte, nous ne le prétendrons pas ; mais sans trop nous arrêter aux mobiles qui déterminaient les donateurs, leur générosité tournait au profit des indigents, dont le budget bénéficiait d'autant.

Ce sens pratique que les Hollandais apportent dans l'exercice de la charité se manifeste aussi dans les études de l'ordre le plus élevé. On l'a remarqué d'ailleurs avec raison, les hautes spéculations philosophiques ne sont pas leur affaire et, si c'est chez eux que trois des plus grands penseurs du XVIIe siècle ont conçu et édifié leur système, ils ne sont guère en droit d'en revendiquer aucun : Descartes est Français, Locke est Anglais, et bien que né à Amsterdam, Spinoza appartenait en réalité à la colonie des Juifs portugais. Mais lors même qu'ils s'occupent des sujets en apparence les plus abstraits et les moins susceptibles d'un intérêt direct, leurs savants aboutissent à des résultats d'une utilité immédiate. Chez un tel peuple, et c'est là sa force, les intérêts sont en accord avec les principes. Cherchez le royaume de Dieu, a dit l'évangile, et le reste vous sera donné par surcroît ; ce reste n'a pas manqué aux Hollandais. Nous les voyons des premiers s'efforcer d'établir en Europe une conscience publique dans les relations des peuples les uns avec les autres. Seule la force brutale plus ou moins déguisée y avait présidé jusque-là, et ce n'est pas aujourd'hui qu'il conviendrait de dire qu'un tel état de choses a pris fin. Mais en regard de cette prédominance de la force matérielle, les juristes hollandais s'appliquent à édifier la puissance du droit. Puisque, suivant le vieil adage, la guerre reste la dernière raison des rois, ils essaient de réglementer la guerre, d'introduire parmi les violences dont elle est faite, quelques principes qui soient admis par les nations civilisées ou qui se piquent de l'être. C'est vers ce but que tendent les écrits et les publications de Hugo de Groot (Grotius) sur le *Droit des gens*, sur le *Droit de paix et de guerre*, sur le *Droit maritime*. Si les principes qu'il propose ne sont point acceptés de tous, du moins ils pourront être invoqués désormais à l'appui des causes justes, et les plus déloyaux, les plus impudents chercheront à se couvrir de leur ombre ; même en les violant, ils seront obligés d'en tenir compte et de paraître leur rendre hommage.

Ce sont là des prescriptions qui visent l'extérieur ; à l'intérieur, l'état a des devoirs formels vis-à-vis des sujets qui composent la nation : mettre de l'ordre dans les finances, y établir une comptabilité exacte, assurer l'équité dans la répartition des impôts, l'équilibre dans les budgets, et cette probité, cette régularité qui est la règle de la conduite privée, l'introduire dans l'administration. Tels sont les bienfaits auxquels le nom de Simon Stevin est resté attaché et ses *Considérations sur les mathématiques (Wisconstige gedachtenissen)* ont exercé à cet égard la plus utile influence nonseulement dans son pays, mais dans l'Europe entière.

Ainsi qu'il était naturel de le penser, l'esprit de liberté devait également faire sentir dans le domaine de la science son heureuse action. Affranchi des contraintes qu'il avait subies jusqu'alors, l'esprit humain allait étudier la nature sans idées préconçues, chercher les lois qui la régissent sans autre préoccupation que celle de la vérité. Au fond de ces âmes droites et loyales on sent la légitime confiance que les conquêtes de l'intelligence, loin d'affaiblir la foi religieuse, ne peuvent que la raffermir, et qu'une pénétration plus intime des lois de l'univers ne fera qu'augmenter leur admiration pour son créateur. Vous ne trouverez donc pas chez eux ce libertinage de la pensée que vous rencontrerez ailleurs ; mais ils ne mêleront pas non plus le nom de Dieu, ils n'engageront surtout pas la responsabilité divine dans l'exposé de leurs théories particulières. Il semble, au contraire, que leurs vues soient bien modestes et que dans cet ordre d'idées encore, ils ne s'attachent qu'à des réalités prochaines. Grâce à eux cependant, les méthodes expérimentales entreront dans des voies nouvelles. Ils s'appliquent à isoler les uns des autres les phénomènes emmêlés dans la matière ; à les placer à leur portée, pour les reproduire ou les modifier à leur gré, afin de les étudier de plus près. Cette matière même, ils la soumettent à leurs observations directes afin d'en mieux connaître, s'il se peut, la structure et les transformations. Pour y parvenir, ils ont recours aux procédés les plus ingénieux et ils imaginent ou perfectionnent des instruments qui accroissent le pouvoir d'investigation de l'homme. Le sens qui trompe le moins, la vue, est grâce à eux fortifié, augmenté ; en tenant compte des lois de l'optique, ils fabriquent des verres qui donneront à la science une base d'opérations à la fois plus vaste et plus sûre. Avec le télescope ils fouilleront le ciel et reculeront les bornes de l'étendue perceptible, ajoutant ainsi aux immensités déjà connues la révélation de myriades d'autres mondes semés dans l'espace. Inversement, le microscope va leur permettre de constater la profusion infinie de la vie dans la nature et la complexité imprévue, la structure merveilleuse d'êtres qui par leur exiguïté échappaient à nos regards. C'est là un précieux auxiliaire mis à la disposition de la médecine qui tendra de plus en plus en Hollande à devenir une science exacte, car elle sera désormais à même d'apprécier les différences de composition des tissus qui entrent dans l'organisme et les altérations qu'ils peuvent subir.

En même temps, les dissections opérées dans les amphithéâtres des universités font avancer l'anatomie et amènent une connaissance plus complète de la conformation du corps humain, du jeu de ses organes et des relations qui existent entre eux. C'est à Leyde que ces dissections sont d'abord pratiquées, et bien que le droit accordé à cet égard par Philippe II (1555) soit limité aux cadavres des criminels, il rencontre au début des adversaires acharnés, même parmi les hommes les plus éclairés et les plus savants de cette époque. Grotius parle à ce propos de profanation, et s'élevant avec force contre « ces cruautés inutiles des vivants contre les morts, » il remarque que les anciens Grecs, pourtant si habiles médecins, n'avaient pas connu ces « chambres de torture des morts. » Mais bientôt ces vaines réclamations se taisent devant l'intérêt supérieur de la science. D'autre part, la thérapeutique s'enrichit des progrès de la botanique. Le professeur Pieter Paauw, qui a renouvelé l'enseignement de la médecine, dirige trois ou quatre fois par un des excursions botaniques vers les prés, les collines et les marais des environs de Leyde, et de Bondt se livre à une étude plus attentive des simples dont les propriétés sont peu à peu mieux définies. Son fils pousse jusqu'aux possessions hollandaises de l'Inde pour accroître ces précieuses ressources, et les plantes qu'il en rapporte sont recueillies et classées avec soin dans ce jardin de l'université de Leyde dont Descartes vante l'ordre et la bonne tenue. Enfin le docteur Tulp, — on sait que c'est le professeur de la *Leçon d'anatomie* de Rembrandt, — après avoir été à Amsterdam, comme Paauw à Leyde, un des plus ardents promoteurs des dissections anatomiques, provoque une réforme de la pharmacie dans cette ville qui, en 1637, ne compte pas moins de cinquante-huit médecins, sans y comprendre les chirurgiens, et soixante-six apothicaires.

C'est de ce temps aussi que datent dans l'industrie de nombreux perfectionnements qui contribueront puissamment à la richesse de la Hollande. La fabrication de ses toiles, celle de ses draps et de son papier sont à bon droit renommées dans toute l'Europe, et quelques joailliers d'Amsterdam, on améliorant dans cette ville l'outillage de la taille des diamants, lui ont assuré le monopole d'un commerce qu'elle possède encore de nos jours.

Section III

L'étude des lettres ne restera pas non plus stationnaire. Attentifs à tout ce qui regarde l'éducation, les Hollandais attirent chez eux par des avantages pécuniaires et par la considération dont Ils les entourent les professeurs les plus réputés. C'est comme une émulation de générosité et de libérales dépenses entre les différentes villes de ce petit pays. Scaliger, alors en pleine célébrité, est reçu comme un souverain à son arrivée à l'université de Leyde, où on lui accorde un traitement supérieur n celui des autres professeurs.

Comme lui, Saumaise se décide à quitter la France et Juste Lipse les Flandres. Gronovius et Grœvius viennent d'Allemagne grossir le nombre de ces érudits. Ainsi recruté, le personnel des universités donne au mouvement général des esprits une vive impulsion. L'instruction de la jeunesse y est l'objet des soins les plus intelligents et, comme toujours, les côtés pratiques ne sont point négligés.

La calligraphie, alors considérée comme un art, compte des virtuoses dont les noms sont connus de tous, et les nombreuses éditions de leurs œuvres se succèdent rapidement. A en juger par les grimoires à peu près indéchiffrables des époques précédentes, la réforme qu'ils avaient à accomplir n'était pas de médiocre importance. Grâce à eux, les écritures deviennent peu à peu plus lisibles et, pour des commerçons, des hommes d'état ou des diplomates, ce progrès est capital ; on facilitant les relations, il sert au bon renom de la nation. Les exemples d'écriture proposés aux écoliers aident, du reste, à leur éducation, car ils contiennent des leçons morales, des maximes versifiées à la façon de ces quatrains du sieur de Pibrac qui, vers cette époque, jouissaient en France d'un crédit général. On insiste d'ailleurs sur l'enseignement religieux, sur la connaissance de la Bible, sur tout ce qui peut munir les jeunes générations de solides principes. Mais, en même temps, on se préoccupe de développer chez elles la vigueur et la souplesse du corps. Dans une série de gravures représentant les diverses dépendances de l'université de Leyde, à côté du jardin botanique et de la bibliothèque, — dont les volumes classés par catégorie sont prudemment retenus, au moyen de chaînes, aux pupitres sur lesquels on peut les consulter, — nous voyons une grande salle couverte dans laquelle les étudiants se livrent aux exercices les plus variés : l'escrime, l'équitation, la gymnastique et le maniement des armes, conformément au programme tracé par l'antique dicton : *Mens sana in corpore sano*.

Avec l'étude de la langue hollandaise qui commence à être en honneur, celle des langues vivantes est depuis longtemps répandue, et déjà Guicciardini était frappé de voir « des gens qui ne sont jamais sortis de leur pays qui y parlent, outre leur langue maternelle, un grand nombre de langues étrangères, le français, l'allemand, l'italien et d'autres encore. » Quant à ceux qui veulent être initiés aux chefs-d'œuvre des écrivains grecs ou latins, des éditions excellentes, soigneusement revues et accompagnées de savants commentaires, les mettent entre leurs mains sous un format commode, imprimées en caractères dont la netteté et l'élégance sont encore aujourd'hui réputées. Il n'est guère de : contrée où les libraires fiassent mieux leurs affaires, car il n'en est pas oui on lise davantage, et Leyde semble une vaste imprimerie à laquelle la dynastie des Elzevier assure une célébrité universelle.

Cette passion de l'antiquité est restée très vive chez les esprits cultivés ; elle constitue entre eux une sorte d'aristocratie intellectuelle. Aussi voyons-nous l'usage d'écrire en latin persister pendant longtemps en Hollande. On continue à y composer des vers latins, ainsi qu'avait fait Jean Second, et les hommes les plus sérieux s'y exercent. Dans leur correspondance ils visent aux grâces cicéroniennes du langage, et avec une ingéniosité un peu subtile ils s'appliquent à exprimer dans cette langue morte des idées ou des façons de vivre tout à fait modernes. C'est pour eux l'occasion de recourir à ces tours de phrase laborieux qui rappellent le jargon de nos précieuses. Mais, si prisés qu'ils soient, ces raffinements des beaux esprits jurent avec le tempérament vigoureux de la nation. Il y a trop de distance entre ces deux modes de civilisation, les différences y sont trop tranchées, les points de contact trop peu nombreux, pour qu'une assimilation complète de l'antiquité soit possible, et la force même du génie national s'y oppose. Même chez les plus déliés, à ces élégances factices se mêlent bien des traits d'un goût douteux, et dans cet étalage d'érudition et ces réminiscences un peu forcées on sent l'affectation et le pédantisme.

Peu à peu, la littérature suivra le courant général. Poussée par la vitalité puissante qui' anime ce peuple, elle sortira des abstractions et du convenu pour s'associer à toutes les passions qui le remuent. Avec lui elle s'occupera de religion et de politique ; elle s'intéressera à sa vie nouvelle, à cette grande cause de l'affranchissement pour laquelle il s'est levé tout entier. Les révoltés ont ramassé pour s'en glorifier ce surnom de gueux par lequel leurs dominateurs avaient prétendu les flétrir. Ils l'ont pris pour dense et ils se sont fait des armes parlantes de l'écuelle et de la besace. Ces gueux auront leurs poètes, et c'est au bruit de leurs terribles chansons, grosses de menaces et de cris de vengeance, qu'ils chasseront les oppresseurs. Le théâtre aussi viendra bientôt on aide à l'esprit patriotique et donnera aux aspirations nationales une saisissante expression. Formé sous le patronage des anciennes chambres de rhétorique, il se contentait autrefois de préparer, à l'occasion de visites princières, des représentations destinées surtout à célébrer, à grand renfort d'allégories, les hôtes de marque qui honoraient la cité de leur présence. Sous la pression des circonstances, il va entrer dans des voies plus vivantes. Coster introduit dans ses compositions académiques des traits empruntés à la vie familière et des allusions aux événements contemporains. C'est ainsi que dans sa *Polyxène*, représentée en 1630, il cherche à flétrir le fanatisme religieux. Il n'hésite pas, d'ailleurs, à mettre sous les regards du spectateur les actions les plus horribles : sur la scène elle-même Hécube crève les yeux du roi de Thrace Polymnestor, et elle est ensuite lapidée par le peuple. Dans sa tragédie d'*Isabelle*, l'héroïne de la pièce, après avoir persuadé à Rodomont qu'elle est invulnérable, reçoit de lui un coup si violent que sa tête détachée roule par terre, et le meurtrier involontaire déplore en termes d'une naïveté ridicule sa crédulité. Ces grossièretés, ces fautes de goût s'allient cependant chez Coster à des progrès de style évidents et même, çà et là, à des éclairs d'inspiration. Brederoo, son contemporain et son ami, s'avance plus loin dans ces voies : il essaie de transporter sur les planches la vie même de tous les jours et trouve ses modèles parmi les rues et les marchés d'Amsterdam sans rien retrancher des hardiesses de leur langage ; mais il meurt prématurément, avant d'avoir pu donner sa mesure.

Pieter Cornelisz Hooft, au contraire, appartient à l'aristocratie par sa naissance et son éducation, et il contribuera plus efficacement à assouplir la langue. Il reste en Hollande le plus fidèle représentant des doctrines classiques. D'un voyage fait en Italie, il avait rapporté l'admiration de ces fades pastorales qui alors y avaient cours, et ses premières œuvres ne sont, à vrai dire, que des pastiches de l'*Aminta* du Tasse ou du *Pastor fido* de Guarini. Vers ce temps, d'ailleurs, ces bergeries étaient aussi chez nous dans le goût du jour, ainsi qu'en font preuve le succès de d'Urfé et plus tard celui de Mme Deshoulières. Des lettres elles devaient, en Hollande comme en France, faire irruption dans la peinture. A l'exemple de certains seigneurs de la cour de Louis XIV, il n'était pas rare de voir de bons bourgeois et d'honnêtes ménagères d'Amsterdam, ridiculement affublés en pâtres et en bergères, poser devant les portraitistes à la mode. Dans les premières pièces de Hooft, la langue est encore gauche, molle et sans relief ; les *concetti* et l'affectation y abondent ; elle gagne en grâce et en naturel dans les tragédies qui suivent, mais en somme l'invention y est pauvre, la vulgarité y coudoie à chaque instant le pathétique, et sans respect pour l'action, les hors-d'œuvre y tiennent une place démesurée. C'est ainsi que dans son *Gérard van Velzen*, représenté en 1613 l'auteur met dans la bouche d'un fantôme apparaissant au milieu d'un songe, une tirade qui ne compte pas moins de 266 vers uniquement destinés à prophétiser la grandeur future d'Amsterdam Malgré tout, Hooft exerce une influence considérable sur la littérature hollandaise, autant par sa haute position que par son talent et la noblesse de son caractère. Esprit tolérant, il compte des amis dans tous les partis, et nommé en 1609 bailli de Muiden, près d'Amsterdam, il ne cesse pas d'attirer, dans le château qui lui est assigné pour résidence, le cercle d'hommes distingués (*Muider-Kring*) qui a mérité un nom dans l'histoire littéraire de cette époque.

Vondel cependant l'emporte de beaucoup sur Hooft par l'originalité et la puissance de ses conceptions ; mais, si apprécié qu'il ait été par ses contemporains, pas plus que Rembrandt et Spinoza, il ne devait connaître le repos et la fortune, et après des épreuves nombreuses, il était, comme eux, destiné à finir dans la misère. S'il cherche à évoquer les souvenirs de la tragédie grecque, c'est que mieux qu'aucun autre on son pays il en a compris les beautés. Il n'y était cependant guère préparé par son éducation, car, élevé dans la boutique de son père, il s'est instruit lui-même, et à vingt-six ans il ne connaissait encore rien de la littérature classique. Mais plus encore que l'écrivain, l'homme apparaît dans les œuvres dramatiques de Vondel ; qu'elles soient inspirées par la Bible ou par l'histoire de la Hollande, elles sont bien l'expression de ses convictions politiques ou religieuses. Sans s'inquiéter des inimitiés qu'il soulève, il veut, avec une entière indépendance, servir ce qu'il croit la vérité et la justice. Aussi est-il poursuivi par les rancunes des fanatiques de tous les partis. Dans son *Palamedes* ou le *Meurtre de l'Innocent*, joué vers la fin de 1625, il flétrit avec une courageuse indignation les violences et les persécutions qu'engendrent les haines religieuses. Sous les noms des personnages grecs qui y figurent, ce sont en réalité ses contemporains, le prince Maurice, ses ministres et les meurtriers de Barneveldt, qu'il met en scène, et les allusions sont si nombreuses et si transparentes [8] que Vondel, mis on demeure d'aller se justifier à La Haye, est obligé de se réfugier déguisé chez des parents et des amis et ne doit qu'à l'intervention du magistrat d'Amsterdam de voir sa condamnation limitée à 300 florins d'amende.

Esprit fécond, Vondel découvre avec une sagacité extrême les sujets qui conviennent le mieux à la poésie : il compose son *Hippolyte* quarante-neuf ans avant la *Phèdre* de Racine ; en 1654, il donne son drame religieux le plus remarquable, *Lucifer*, auquel quatorze ans plus tard Milton empruntera plus d'un trait dans son *Paradis perdu* ; enfin sa *Marie Stuart* (1641) offre avec celle de Schiller de nombreuses analogies. Pour avoir dans cette dernière pièce laissé trop paraître ses sentiments en laveur de l'église romaine et peint son héroïne comme une victime innocente et martyre de sa foi, il se voit de nouveau mis en cause sur les instances du gouvernement anglais et condamné à une amende. Cependant, quand il s'agit d'inaugurer le nouveau théâtre d'Amsterdam, sa popularité le désigne pour cet honneur. Jusque-là les représentations avaient eu lieu dans un méchant bâtiment en bois, mal aménagé, tout à fait insuffisant. Mais en 1634 la chambre de rhétorique l'*Eglantier* ayant fusionné avec l'académie néerlandaise, fondée en 1617 par Coster, — tandis que le poète Krul créait sous le nom de *Chambre de musique* une espèce d'opéra, — le conseiller Van Campen faisait décider l'érection d'un édifice plus spacieux et plus convenable sur l'emplacement occupé par l'ancien. A la fin de 1637, la construction du grand théâtre (Schouwburg) étant terminée, le *Gysbrecht van Amstel* de Vondeï fut choisi pour la première représentation (3 janvier 1638). Bien que tiré d'une manière un peu forcée de l'*Enéide*, le sujet était vraiment national, et comme dans le *Gérard van Velsen* de Hooft, l'auteur y annonçait sous forme de prophétie la grandeur future d'Amsterdam. Mais plus que Hooft, Vondel possédait le sens lyrique, la vie, la couleur, un patriotisme chaleureux, des convictions religieuses vives et profondes. Son libre esprit s'exhalait avec une verve inépuisable dans des satires pleines de mouvement et dont les traits caustiques frappaient fort et juste. Il allait dans sa vieillesse expier cruellement son humeur indépendante. Jamais il n'avait eu de Mécènes et vers la fin de son existence sa gêne devenait toujours plus pressante. Vivant à grand'peine d'une rente viagère très modique, sombre et accablé d'infirmités, affligé par la perte d'une épouse chérie, affecté plus profondément encore par la conduite d'un fils indigne, le plus grand poète de la Hollande s'éteignait le 5 février 1679, à l'âge de quatre-vingt-onze ans.

Quoique fort inférieur à Vondel, un de ses contemporains était appelé à une destinée bien différente de la sienne. Avec le réalisme minutieux de ses observations portant sur la vie familière, Jacob Cats avait à la fois les qualités et les défauts qui sont faits pour plaire aux foules et, vers 1630, il était à l'apogée de sa réputation. Dans chaque famille, à côté de la Bible, on pouvait voir les œuvres du « père Cats. » Son poème du *Mariage (Formulier van den houvelycken Slaet)*, publié en 1619, était suivi, en 1632, du *Miroir des temps anciens et modernes (Spiegel van der ouden en nieuwen tyd*), dans lequel il cherche à démontrer que la réunion des proverbes populaires constitue pour l'homme un vrai répertoire de philosophie pratique. Les sujets les plus vulgaires y sont traités avec un luxe de détails qui touche souvent à la trivialité. Ce sont des leçons de prudence, d'ordre et d'économie qui procèdent d'une morale un peu terre à terre. Dans son *Anneau nuptial (Trouwring)*, daté de 1637, il conte avec une simplicité cynique des anecdotes conjugales d'une convenance plus que douteuse, et il est curieux de voir cet homme, qui occupe déjà une des charges les plus importantes de l'état, se complaire en des inventions dignes de Jan Steen. Il conservera jusque dans l'extrême vieillesse ce ton de badinage, et son dernier ouvrage : *Biographie d'un octogénaire (Twee entachtigjarig leven)* ne laisse guère supposer que Cats a rempli les fonctions de grand-pensionnaire, et qu'en des temps difficiles il a été mêlé aux plus grandes affaires. C'est pour le peuple, au surplus, que Cats a écrit, et il ne peut guère être compris que dans son pays. Mais la popularité de ses œuvres, à laquelle contribuèrent aussi sans doute les illustrations d'Adriaen Van de Yenne, y fut telle que, dans la seule année 1655, un éditeur de ses poésies en vendait à Amsterdam 55,000 exemplaires. Cependant en Hollande même, dans ces derniers temps, une réaction s'est élevée contre un auteur qui manque par trop d'élévation, et ce n'est pas sans raison qu'on lui dénie aujourd'hui la place qui, pendant longtemps, lui avait été accordée dans le triumvirat littéraire, à côté de Hooft et de Vondel.

On le voit, les écrivains favoris de la nation étaient ceux qui, travaillant exclusivement pour elles se sont étroitement associés à ses idées, à ses croyances et mêlés de plus près au courant de sa vie familière. Ils n'y forment pas, du reste, une caste séparée, uniquement absorbée par le culte des lettres ; pour la plupart, ils exercent en même temps une industrie ou ils remplissent un emploi public : Huygens est homme d'état et secrétaire des princes d'Orange ; Vondel est chaussetier dans la Warmoesstraat, le poète Krul forgeron, et, avant d'arriver aux grandes dignités qu'il a occupées, Cats a fait office d'avocat et professé le droit. Plusieurs aussi sont des réfugiés venus du dehors et appartiennent à des familles flamandes. Mais la force d'expansion de cette nation est telle que les étrangers qu'elle attire à elle participent presque aussitôt de la façon la plus complète à sa vie. C'est même l'infériorité de cette littérature qu'elle est restée trop spécialement hollandaise et ne peut être goûtée que par des Hollandais. Elle conserve des étrangetés et un goût de terroir qui ne lui permettent pas de franchir les frontières entre lesquelles la langue est comprise. Historiquement, du moins, elle a eu son importance ; elle aide à l'intelligence de cette époque, et il faut essayer d'en pénétrer l'esprit pour apprendre à connaître ce peuple au moment le plus glorieux de son passé.

Section IV

Le succès si répandu de ces écrivains parmi leurs compatriotes atteste le degré de culture auquel était alors arrivée la Hollande. Les universités qui y avaient été fondées contribuaient puissamment à cette diffusion : après celle de Leyde, établie en 1575, étaient venues celles de Franeker en 1585, de Groningue en 1614, et plus tard celles d'Utrecht, en 1636, et de Harderwyck en 1648. L'*Ecole illustre*, créée en 1630 à Deventer, avait servi de modèle à celle d'Amsterdam en 1632. C'étaient comme autant de foyers allumés à travers la contrée, dont l'éclat et la chaleur rayonnaient de proche en proche. Aussi, avec le temps, les mœurs s'étaient adoucies, et l'éducation que les enfants recevaient dans certaines familles pourrait être proposée comme exemple. Chez les Huygens, la distinction était en quelque sorte héréditaire. Constantin Huygens, homme d'état et poète satirique très remarquable, professait pour Corneille une telle admiration, que celui-ci lui dédiait, en 1650, son *Don Sanche d'Aragon*. Lui-même avait publié, en 1644, chez les Elzevier, une édition du *Menteur*, en tête de laquelle il mettait des vers latins et français de sa façon. Musicien plein de talent, il s'intéressait aux arts et devait, pendant de longues années, servir d'intermédiaire entre les artistes et la maison d'Orange. Malgré ses nombreuses occupations, il avait voulu diriger lui-même l'éducation de ses fils. Ces enfants, doués de facultés merveilleuses, avaient appris très jeunes le grec et le latin et montraient de grandes dispositions pour les mathématiques. On sait que Christian, le cadet, devait être un des premiers géomètres et l'un des plus célèbres astronomes de son temps. Il s'exerçait, non sans quelque talent, à la peinture, et, dans une lettre à son frère Louis, il lui dit qu'il a si fidèlement copié une tête de vieillard par Rembrandt, qu'il est difficile de discerner l'original de la copie (29 juin 1645) [9]. Quant à l'aîné, qui s'appelait Constantin, comme son père, et qui devait également, après lui, exercer les fonctions de secrétaire des princes d'Orange, il faisait pendant ses voyages des croquis à la plume pleins de facilité et d'esprit. Tous deux, d'ailleurs, devançant sur ce point Y Emile de Jean-Jacques, étaient en possession de plusieurs métiers manuels, et bons musiciens, danseurs et cavaliers accomplis, ils excellaient dans la plupart des exercices du corps. De bonne heure en contact avec les hommes les plus éminents de leur pays, ils avaient voyagé à l'étranger, et tout ce qu'une bonne éducation peut ajouter à des qualités natives, ils l'avaient acquis. Avec cela, modestes, d'une urbanité parfaite, très attachés à leurs princes, ils les servaient avec une intelligence et un dévouement qui tournaient au bien et à la grandeur de leur patrie.

À côté de cette famille, combien d'autres mériteraient d'être citées pour l'élévation de leurs goûts, pour leur amour de l'étude et leur souci constant d'être utiles à leurs concitoyens ! On comprend le prestige que devait avoir une élite d'hommes pareils, la plupart unis par une étroite amitié, et guidés dans leurs déterminations par les motifs les plus nobles. Parmi cette élite, les femmes tenaient leur place avec, honneur. Déjà, pendant la période héroïque, elles avaient joué un grand rôle et, lors de la guerre de l'indépendance, elles s'étaient montrées les dignes compagnes des défenseurs d'Alkmar, de Leyde ou de Harlem. Le nom de Kenau Hasselaer était désormais immortel, et c'est aux applaudissements de tous que Vondel, dans sa tragédie de *Gysbrecht van Amstel*, mettait sur les lèvres de l'intrépide Badeloch l'expression des sentiments héroïques dont elles étaient animées. Les chansons populaires exaltaient à l'envi les jeunes filles hollandaises qui demandaient à porter les armes contre l'ennemi et à servir sur les vaisseaux comme des matelots. Après avoir ainsi concouru à la délivrance, elles avaient contribué à former la société polie. Entre toutes, les filles de Roemer Visscher étaient renommées ; et, dans ces derniers temps, un grand nombre de publications ont été consacrées à l'étude de leur vie et de l'influence qu'elles ont exercée. Elles aussi avaient reçu une éducation raffinée. Leur père, un négociant catholique originaire d'Anvers et fixé à Amsterdam, était, comme son compatriote et ami Hendrik Spieghel, un homme instruit, ami des lettres, poète même à ses heures, qui, par ses propres écrits, avait aidé à la correction et à l'assouplissement de la langue. Sa maison était le rendez-vous de tous les esprits distingués de ce temps, et son affabilité, son libéralisme, y attiraient également protestants et catholiques, assurés les uns et les autres de la cordialité d'un accueil pareil. De ses trois filles, deux surtout sont connues, Anna et Maria [10]. Curieuses de toutes les choses de l'esprit, excellant dans la broderie, la calligraphie, la musique, assez habiles à modeler, elles étaient en même temps charmantes de grâce et d'amabilité. Les hôtes de la maison paternelle étaient leurs admirateurs, et parmi eux Heins, Coornhert, Hooft, Cats, Huygens, Coster, Reael, Van Baerle, entretenaient avec elles un commerce de lettres dans lequel les allusions mythologiques et les flatteuses allégories n'étaient pas épargnées. Vondel avait surnommé Anna la *Sapho hollandaise*, et d'autres poètes la chantaient comme la *Nymphe d'Amsterdam*. Elle peignait agréablement, et, dans une lettre adressée à Rubens en 1621, elle lui parle d'une copie qu'elle fait de son *Assomption*. Le grand maître, d'ailleurs, lui avait dédié, l'année d'avant, « comme un rare exemple de chasteté, » la gravure de Vorsterman, d'après son tableau de *Suzanne et les vieillards* [11].

Catholique comme les filles de Roemer Visscher, Anna-Maria von Schurman avait reçu aussi comme elles une éducation très soignée, et elle devait avoir une célébrité égale. Issue d'une famille noble originaire d'Anvers, elle était connaisseuse en fait d'art, peignait et gravait un peu, et l'on conserve encore aujourd'hui à l'hôtel de ville de Franeker des ouvrages de broderie très finement exécutés par elle. Mais elle se distinguait surtout par son instruction et le sérieux de son esprit. Ses goûts la portaient vers les études théologiques. « L'objet de mon amour est sur la croix, » disait-elle avec saint Ignace, et, quoique très courtisée, elle avait voulu rester fille. En passant à Utrecht, en 1640, Descartes la trouva lisant la Bible en hébreu, et, dans une lettre écrite au père Mersenne, il se plaint un peu de son pédantisme. « Ce Voëtius a gâté aussi la demoiselle de Schurman ; car, au lieu qu'elle avait l'esprit excellent pour la poésie, la peinture et autres telles gentillesses, il y a déjà cinq ou six ans qu'il la possède si entièrement, qu'elle ne s'occupe plus qu'aux controverses de la théologie, ce qui lui fait perdre la conversation de tous les honnêtes gens. » (Leyde, 11 novembre

1640.) Avec le temps, ce beau zèle et ces austères dispositions ne firent que s'accroître, et les prétentions de la dame s'étaient, paraît-il, montées d'autant ; car, dans une excursion qu'il fit en Hollande en 1663, un autre Français, grand voyageur de son état, M. de Monconys, se trouvant à Utrecht, essaya d'y voir Mlle de Schurman, attiré qu'il était par sa réputation ; mais la servante de celle-ci lui dit qu'elle ne pouvait le recevoir, « étant empêchée a une assemblée de ministres. » Sur quoi l'hôte de M. de Monconys lui assura « qu'elle ne voulait permettre qu'on la vit, à moins que ce ne fût des Saumaise ou des personnes de telle réputation. »

Comme on peut le croire, ce n'étaient là que des exceptions. En dehors de ces personnes très en vue dans le monde des lettres, la plus grande partie des femmes hollandaises menait une vie plus retirée et plus modeste. Les nombreux portraits qui nous en ont été conservés nous montrent, en général des visages ingénus, au teint vermeil, au regard franc, avec un maintien honnête et réservé. Quelques-unes sont charmantes de grâce et de distinction ; mais, d'ordinaire, la force et la santé priment chez, elles la beauté. La sévérité de leur costume confirme d'ailleurs cette impression. A les voir ainsi emprisonnées dans leurs vêtements sombres, les cheveux tirés avec soin sous leurs coiffes, le cou dissimulé par leurs collerettes raides et régulièrement tuyautées, on devine la correction, l'uniformité de leurs existences. Ce sont de bonnes ménagères, sachant bien tenir une maison et élever leurs enfants, raisonnables sans beaucoup d'imagination, plus sensées que raffinées, mais contentes de leur sort et capables de dévouement. Avec l'âge, leur droiture constante met son empreinte sur ces physionomies calmes, et sereines, éclaire leurs yeux, communique à leurs traits, à leur être tout entier une expression d'individualité très particulière. Combien, parmi elles, de vieilles excellentes, chez lesquelles l'expérience de la vie, tout en développant la finesse, n'a pas détruit la bienveillance, et dont l'aspect seul commande le respect ! Plus tard, avec le luxe, les mœurs pourront changer ; mais pendant longtemps, chez certaines familles, même chez les plus élevées, on retrouvera quelque chose de cette simplicité primitive, de cette fidélité tous les devoirs, de cette vigilance à surveiller de près le train de leur maison et à présider aux soins les plus humbles sans croire déroger à leur dignité. Dans une lettre à Guillaume III,

Constantin Huygens, lui rendant compte d'une visite faite en son nom à la veuve de l'amiral de Ruyter, s'exprime en ces termes : « Aussi m'apprit-on à la ville que depuis quelque temps la bonne femme avait fait une chute comme elle était occupée à sécher et à étendre elle-même son linge. Votre Altesse peut juger quelle sorte de douairière ce peut être qui, encore depuis la mort de son mari, a toujours continué sa coutume d'aller au marché le panier au bras [12]. »

Ces habitudes simples, ces ries droites et volontairement renfermées, contribuaient à faire une race forte et saine. Un grand nombre des hommes remarquables de ce temps conservèrent intacte, jusque dans l'extrême vieillesse, une activité singulière. Les exemples abondent à cet égard. Maurice de Nassau, sexagénaire, demeure à la tête des armées, après avoir supporté les fatigues d'une lutte prolongée et sans trêve ; de Ruyter compte cinquante-huit ans de services effectifs à la mer, pendant lesquels il a assisté à cinquante grandes batailles navales et commandé en chef dix d'entre elles ; Cats, nous l'avons vu, rime encore à quatre-vingt-deux ans, et Hais tient le pinceau à quatre-vingts. Le professeur Fr. Ruysch, âgé de près de quatre-vingt-dix ans, continue à faire un cours de médecine très suivi, à côté de son collègue Tulp, qui n'en a pas moins de quatre-vingt-un, et la fille de Ruysch, Rachel, l'artiste bien connue, peint vaillamment des tableaux de fleurs à soixante-dix ans, après avoir mis au monde dix enfants.

Est-il besoin de le dire, cette force de tempérament et cette richesse de santé ne vont pas toujours sans quelque grossièreté. Même dans la bonne société on peut relever çà et là certains écarts de ton ou de tenue. Chez les plus raffinés, le langage est parfois d'une liberté excessive, et, à côté de prétentions à la délicatesse la plus subtile, il offre des allusions choquantes et plus que risquées. On est un peu étonné de voir Brederoo dédier à Maria Tesselschade une comédie dont la lecture devait causer quelque embarras à une honnête femme ; on s'explique moins encore qu'un homme grave dans la situation de Cats puisse parler des mœurs conjugales avec un cynisme pareil au sien, ou qu'un personnage aristocratique tel que Hooft énumère les beautés de sa première femme avec la même complaisance et le même luxe de détails que s'il s'agissait de la *Danaé* du Titien [13]. Il ne faut pas oublier, cependant, que ce manque de retenue n'était pas, en ce temps, un privilège de la Hollande. Chez nous aussi, bien que la société lût depuis plus longtemps polie, on ne se faisait pas faute de ces gaillardises, à en juger par les contes qu'entendaient les belles dames à la cour de nos rois ou par les livres qui trouvaient place dans leurs bibliothèques.

Si même chez les gens cultivés et qui visent à la distinction, on rencontre ces anomalies ou ces restes de grossièreté, on peut penser qu'ils seront plus fréquents et mieux marqués parmi les masses. Bien que d'ordinaire les allures de ce peuple soient calmes et lentes et qu'au milieu même de son activité il ne semble pas qu'il se presse, on dirait qu'à certains moments il sort de lui-même pour se livrer à de véritables débauches de mouvement et d'agitation. Pendant les longs jours de réclusion de l'hiver, quand par hasard survient une après-midi de soleil, il y a comme un enivrement qui pousse citadins et paysans à sortir de leurs demeures pour se répandre en foule sur la glace des rivières ou des fossés des villes. Patineurs, glisseurs, promeneurs en traîneaux, s'y pressent dans tous les sens et offrent un spectacle plein d'animation et de gaité. Ce spectacle, qui bien souvent a défrayé le talent de peintres hollandais, tels que Van der Neer, Avercamp, Adriaen Van de Velde et bien d'autres encore, faisait l'étonnement des étrangers. Dès 1514, un Milanais, venu dans les Pays-Bas, en était frappé : « Que peut-on voir de plus extraordinaire, disait-il, que toute la contrée des Bataves comme solidifiée par le froid de l'hiver et sur les canaux glacés ces essaims d'hommes, de femmes, d'enfants s'élançant rapides avec leurs chaussures de fer [14] ? » Qui n'a pas assisté aux fêtes des kermesses dans les villages ou dans les villes ne peut comprendre quelle frénésie prend alors à cos flegmatiques, leurs gesticulations, leurs cris sauvages et les sarabandes tumultueuses auxquelles des spectateurs inoffensifs sont forcés, malgré eux, de s'associer quand ils se trouvent sur le passage de ces troupes débridées. D'autres divertissements populaires n'étaient pas moins désordonnés. Battues également en brèche par les catholiques et par les calvinistes dont le rigorisme s'accommodait mal d'un passe-temps réputé profane et dangereux, les représentations théâtrales ne purent s'établir d'une façon régulière en Hollande à cette époque, et Amsterdam est la seule ville où un théâtre permanent ait subsisté, encore n'y jouait-on que deux fois par semaine ; mais ce ne fut jamais là qu'une distraction peu choisie, réservée à un public de condition plus que médiocre et dont la composition aurait suffi à éloigner la bonne compagnie. Le parterre y offrait le fouillis le plus bizarre d'enfants, d'adultes, d'hommes et de femmes dont la tenue n'avait rien d'exemplaire ; On s'y donnait des rendez-vous, on y buvait, on y fumait, on y criait à qui mieux et les spectateurs échangeaient entre eux les projectiles les plus variés.

La rudesse de ces mœurs n'était que trop explicable au lendemain d'une lutte qui avait si profondément bouleversé le pays. Ce n'est ni dans les camps, ni sur mer, que la génération qui y avait été mêlée aurait pu apprendre la retenue ou les belles manières. Aussi à côté de l'austérité feinte ou réelle des puritains, le dévergondage des soudards et des gens de plaisir s'étalait très librement, et libertins, ivrognes et joueurs n'étaient point rares en ce temps, à en juger du moins par le nombre des tableaux qui nous les montrent. Plusieurs des peintres à qui nous les devons menaient d'ailleurs eux-mêmes une existence assez aventureuse, et si le talent de quelques-uns a fini par s'y pervertir, oh peut s'étonner d'en rencontrer qui, tout en continuant à traiter de pareils sujets, ont su se maintenir et demeurer de vrais artistes. C'est d'après nature et sur le vif qu'ils nous ont représenté les passe-temps plus ou moins distingués, plus ou moins décents de leurs contemporains, depuis les rustiques ébats et les soûleries des paysans dans leurs misérables taudis jusqu'aux débauches élégantes des fils de famille. A côté du *sieur Ramp et sa maîtresse*, dont Frans Hals, avec son brio magistral, a retracé le couple épique, voici Steen et les plaisanteries épicées de ses tabagies ou des mauvais lieux dans lesquels, après boire, on dévalise les naïfs qui s'y laissent attirer ; plus loin, c'est Pieter de Hooch et Vermeer de Delft et le personnel équivoque des intérieurs où ils nous mènent ; ou enfin, même chez de plus réservés, comme Ter Borch et Metsu, les manèges suspects et les pourparlers peu avouables des coquettes de haut bord. Avec les œuvres de ces peintres et de leurs émules ou de leurs imitateurs, — Dirk Hais, Pieter Codde, Palamedes, J. Kick, J. Duck, Pieter Potter, W. Duyster, Molenaer et bien d'autres encore, car ils sont légion, — il est possible d'assister aux transformations successives de la galanterie à ce moment ; de voir, chez les primitifs, des soldats pillards et maraudeurs s'approprier de vive force des faveurs que plus tard ils paieront à beaux deniers ou qu'ils partageront avec les riches désœuvrés.

On dirait que ceux-là mêmes dont la vie d'ordinaire est correcte éprouvent quelquefois le besoin de montrer ce que leur coûte leur sagesse et jusqu'où ils peuvent aller quand ils s'en affranchissent. Des gens habituellement sobres et tempérants deviennent à l'occasion des buveurs et des mangeurs d'une capacité pantagruélique. A certaines noces ce qu'on vide de bouteilles et ce qu'on consomme de viande est effrayant. Hooft trouve ces excès dignes des animaux les plus immondes, et il compare à ce propos Amsterdam « à l'île de Circé où les hommes sont changés en pourceaux. » Dans les premiers temps, aux jours de fête des corporations militaires ou artistiques, les repas étaient d'une frugalité extrême : quelques harengs, quelques pots de bière en faisaient tous les frais. Par la suite, ce sont des ripailles qui se prolongent outre mesure : à Harlem, pour le tirage des loteries organisées par la Gilde de Saint-Luc, les associés passent trois jours pleins à table, et les grandes toiles de Van der Helst nous édifient sur les dimensions des cornes à boire que vident les membres de la garde civique et sur la contenance des tonneaux qui sont défoncés pour eux. Aussi, après de telles libations, les yeux de ces braves gens sont-ils singulièrement allumés et leurs carnations luisantes et rubicondes.

Section V

On le voit, cet art est bien la représentation fidèle de la nation et de sa vie, et ses peintres en ont traduit avec une fidélité scrupuleuse les différents aspects. Nous avons montré ici même [15] qu'il serait possible de constituer avec leurs œuvres et celles de leurs graveurs les éléments d'une histoire figurée où tous les événements un peu saillants seraient retracés. On sait aussi que chez ce peuple, où l'esprit d'association a tenu une si grande place et fait de si grandes choses, les toiles importantes exécutées pour les salles de réunion des diverses corporations forment en quelque sorte une suite ininterrompue de documents officiels où l'on retrouve le passé de chaque ville, le souvenir de ses institutions et des hommes marquants qu'elle a produits. Les artistes, d'ailleurs, n'avaient plus d'autres patrons que les municipalités ou les particuliers. Avec la disparition du clergé catholique, les commandes de tableaux destinés à orner les édifices religieux avaient cessé. Les princes de la maison d'Orange n'étaient pas non plus de grands protecteurs pour les arts, et Frédéric-Henri, qui commença à s'y intéresser, fut le premier qui s'occupa de bâtir, de meubler et d'orner ses palais. Encore ses goûts le portaient-ils plutôt vers les Flamands que vers ses compatriotes. C'est par Van Dyck qu'il voulait faire exécuter son portrait, et quand Amélie de Solms, la veuve de ce prince, se proposa dans la décoration de la *Maison du Bois* d'honorer la mémoire de son mari, elle se crut obligée d'associer aux peintres hollandais des artistes d'Anvers, comme Van Thulden et Jordaens, en attribuant à ce dernier la plus grosse part. Comme elle, les riches bourgeois et les lettrés inclinaient de ce côté. Huygens, Hooft, Vondel lui-même, ne voient rien au-dessus de Rubens, et aucun d'eux n'a compris Rembrandt, qu'ils ne nomment même pas dans leurs écrits. Comme s'il avait honte de le faire, Vondel se contente de le désigner dédaigneusement sous l'appellation de a fils des ténèbres. »

Avec les Flamands, les amateurs qui se piquaient de distinction préféraient collectionner des tableaux italiens ; c'était comme un brevet de supériorité en matière de goût qu'ils s'attribuaient ainsi. Les ouvrages des écoles italiennes étaient donc recherchés et assez abondants à Amsterdam dès le commencement du XVIIe siècle. Mais les connaisseurs en ce genre étant assez rares, les marchands qui faisaient ce trafic vendaient souvent des copies pour des originaux et il arriva plus d'une fois qu'après des fraudes pareilles ceux des artistes hollandais qui avaient séjourné en Italie furent appelés à vérifier leurs attributions fantaisistes, dans des expertises provoquées par les tribunaux. Ces *italianisants* étaient, au surplus, parmi les Hollandais le plus en vogue, ceux qui plaçaient le mieux leurs tableaux. Aux gens incapables d'apprécier le mérite de la peinture elle-même, ils offraient des sujets plus nobles, plus en rapport avec les traditions reçues et des épisodes historiques ou littéraires prêtant à des commentaires qui leur permettaient de faire parade de leur propre instruction. De même pour les paysagistes, ceux qui avaient été chercher au loin leurs inspirations étaient les plus goûtés. En regard des sites accidentés, des perspectives savantes, des ruines et des figures empruntées à la mythologie ou à la Bible qu'ils introduisaient dans leurs ouvrages, la nature hollandaise paraissait trop simple, trop humble pour mériter d'être reproduite ; pour ceux qui n'en comprenaient pas les beautés, c'était déjà trop de l'avoir sous leurs yeux. Comme toujours, du reste, les talents les plus vulgaires rencontraient des admirateurs parmi ces prétendus connaisseurs, qui, en fait d'art, apprécient surtout l'exécution polie et minutieuse à l'excès, les trompe-l'œil et toutes les vaines parades d'une virtuosité banale qui leur semble le triomphe de la peinture. Grâce à eux, la fortune des *petits-maîtres* de l'école de Leyde était assurée, et les anecdotes sur leur conscience, sur la merveilleuse habileté de leurs imitations, sur tous les prétendus prodiges de difficultés vaincues, stimulaient la vanité des possesseurs de leurs tableaux et haussaient d'autant les prix qu'en pouvaient demander leurs auteurs. Après Gérard Dow allaient venir les Mieris, les Van der Werff et les Lairesse. Quant aux artistes sincères, originaux, qui, avec plus de talent, avaient des aspirations plus élevées, ils éprouvaient quelque peine à se tirer d'affaire.

On s'étonne parfois de voir dans les tableaux de genre hollandais la grande quantité de peintures qui garnissent les intérieurs les plus modestes et les publications les plus récentes d'inventaires de cette époque nous prouvent qu'il n'était pas rare de rencontrer de véritables collections même dans les maisons de simples bourgeois. Il semblerait qu'à ce compte tous les artistes pussent trouver à vendre avantageusement leurs productions. Mais les prix tout à fait dérisoires auxquels sont estimés la plupart de ces ouvrages et ceux auxquels ils sont adjugés dans les ventes publiques accusent tristement la réalité. Pour quelques florins on pouvait se procurer des toiles signées de J. Steen, de P. de Hooch, de Vermeer de Delft ou de paysagistes tels que Van Goyen, A. Van der Neer, J. Van Ruisdael, Hobbema et d'autres encore, tandis qu'un seul de leurs tableaux est souvent payé de nos jours plus cher que le total des gains que chacun d'eux a pu faire pendant toute son existence. Aussi, besogneux et délaissés de leurs contemporains, la plupart de ces peintres vivent et meurent misérables. Les plus avisés cherchent à s'assurer un gagne-pain en exerçant à côté de leur art quelque profession qu'ils jugent plus rémunératrice. Van

Goyen spécule sur les tableaux anciens, sur les maisons et sur les tulipes ; Steen, son gendre, exploite deux brasseries qu'il a prises en location ; Hobbema est jaugeur- juré pour les liquides débarqués à Amsterdam ; Jan Van de Cappelle, le célèbre peintre de marine, est teinturier ; P. de Hooch vit dans un état de quasi-domesticité chez un maître qui se réserve la propriété d'un certain nombre de ses tableaux ; Vermeer donne les siens en gage chez son boulanger et son tailleur ; enfin, beaucoup d'entre eux, et des plus grands, comme Rembrandt, Hals et Ruisdael, finissent à l'hôpital ou figurent sur la liste des insolvables.

C'est l'honneur de ces peintres d'avoir persévéré dans leurs voies en dépit du goût public. Vivant entre eux, ils se soutenaient mutuellement et trouvaient dans la pratique de leur art des satisfactions supérieures aux approbations de la foule. Leur patrie qui les a méconnus leur doit aujourd'hui ses renommées artistiques les plus hautes. N'accusons pas trop, du reste, leurs contemporains. Comment auraient-ils pu apprécier des formes d'art si nouvelles ? Loin de se rattacher aux traditions, elles semblaient faites pour dérouter toutes les opinions reçues. Ce n'est que peu à peu, avec le temps, que l'école hollandaise a conquis la place qu'elle occupe aujourd'hui, et il est bon de rappeler ici que c'est un critique français, Thoré, qui, par son enthousiasme passionné, a le plus contribué à la lui donner.

Pour ce qui touche Rembrandt, en particulier, nous ne devons pas nous étonner outre mesure de la situation misérable où il était tombé vers la fin de sa vie. Il ne faut pas oublier que cet homme, qui, pendant longtemps, a été représenté par la légende comme un avare était, en réalité, un prodigue, toujours prêt à s'endetter pour satisfaire sa curiosité de collectionneur ; que, sans compter et avec l'imprévoyance d'un enfant, il continuait à contracter des engagements qu'il était incapable de tenir. C'en était assez pour éloigner de lui tous ceux de ses contemporains qui, jugeant sa conduite à un point de vue strictement commercial, ne croyaient pas que son talent lui conférât le droit de ne pas s'acquitter vis-à-vis de ses créanciers. Joignez-y son humeur casanière, son caractère un peu ombrageux, ses goûts et sa manière de vivre, qui, aux yeux des gens corrects, passaient pour des excentricités, enfin la nature même de son talent et son dédain pour le genre de peinture qui tendait de plus en plus à prévaloir autour de lui. Il n'en fallait pas tant pour expliquer des disgrâces qui, à distance, nous paraissent incompréhensibles, notre admiration pour son génie nous poussant à charger ses contemporains de responsabilités que seul il doit encourir. Peut-être même, à le bien prendre, a-t-il mieux valu pour lui-même que, curieux comme il l'était, toujours disposé à augmenter ses collections, ses manies fussent un peu tenues en bride. Obligé, après la vente de ses biens, de se replier sur lui-même, il allait, dans l'austère nudité de son atelier, mettre un peu moins à contribution les oripeaux et les turqueries auxquels il s'était complu jusque-là, viser de plus en plus à l'expression des sentiments et atteindre dans ses derniers ouvrages une élévation qui leur assure un prix inestimable. Il n'est que juste de reconnaître, à son honneur, qu'en dépit des épreuves et des tristesses qui accablèrent la fin de sa vie, son énergie et son opiniâtreté au travail demeurèrent entières, et que, par ce côté, du moins, il est resté profondément Hollandais.

Grâce à lui et à quelques-uns des maîtres que nous avons déjà cités, — et, entre tous, il convient de nommer Ruisdael, dont la destinée, aussi douloureuse que celle de Rembrandt, fut certainement encore plus imméritée, — aucune gloire n'aura manqué à l'École hollandaise. A côté des artistes posés, irréprochables, qui, avec une exécution accomplie, répondent à la moyenne du goût qui dominait alors, ces indépendants apportent à l'École un appoint d'imprévu et d'originalité qui complète un ensemble où tous les genres, comme tous les talents sont représentés, où la suprême poésie et le génie lui-même jettent un si radieux éclat. Ainsi qu'on l'a remarqué d'ailleurs, cette riche floraison s'épanouit un peu partout en Hollande, presque simultanément, et il n'est pas d'époque, ni de pays où, dans un intervalle aussi restreint de temps et d'espace, on en ait vu paraître d'aussi abondante, ni d'aussi variée. A cet égard encore, Amsterdam, ainsi qu'elle l'avait fait pour son commerce, devait recueillir le bénéfice d'efforts antérieurs tentés à Utrecht, à Harlem, à Leyde, à Alkmar, à Delft ou à La Haye. Sa gilde de Saint-Luc n'avait jamais eu l'importance, ni d'activité, ni la cohésion que les associations artistiques de plusieurs de ces villes avaient montrées. Le mode même de recrutement de son personnel en fait foi. Jusqu'au 21 octobre 1654, sa composition était restée assez bigarrée, et à côté des peintres et des sculpteurs, les vitriers, les tapissiers, les brodeurs et d'autres corps de métiers y étaient admis. Mais, avec le temps, l'*Athènes du nord*, comme l'appelaient ses lettrés, avait successivement attiré à elle la plupart des artistes éminents qui s'étaient formés dans d'autres centres. Il n'en est guère, en effet, qui n'y aient fait un séjour plus ou moins prolongé et qui n'y aient cherché la consécration de leur renommée. C'est là que la population était la plus nombreuse et la plus riche, c'est là aussi que dans les édifices publics ou parmi les amateurs qui y abondaient, on pouvait espérer un résultat plus fructueux de son travail. Aujourd'hui encore, malgré tant d'œuvres intéressantes qui lui ont été enlevées pour être dispersées dans toute l'Europe, à Amsterdam mieux qu'ailleurs, on comprend que la peinture a été par excellence l'art national de la Hollande, celui qui a le mieux traduit ses aspirations et sa vie. Elle reste une des manifestations les plus glorieuses d'un peuple qui, à tant de titres, s'est fait une grande place dans l'histoire. La justice que nous rendons à ses peintres, nous la devons aussi à ses graveurs, car à côté de ceux qui se sont appliqués avec autant de conscience que de succès à reproduire les œuvres de leurs confrères, on compte en nombre au moins égal des artistes originaux qui ont exprimé avec leur pointe leurs propres créations, à commencer par Lucas de Leyde. Il n'est pas besoin de rappeler ici que Rembrandt, aussi inventif, aussi fécond, aussi puissant dans ses eaux-fortes que dans ses tableaux, a renouvelé les conditions de la gravure et prodigieusement agrandi son domaine. En comparaison de ces deux arts, les autres pâlissent ou s'effacent. Après avoir été autrefois très en honneur dans les Pays-Bas et avoir produit sous les ducs de Bourgogne des maîtres qui jouissaient d'une légitime célébrité, la musique était bien déchue de son ancienne splendeur. Tandis qu'en Allemagne la réforme lui donnait une vie nouvelle, elle se trouvait en Hollande à peu près réduite au seul chant des Psaumes. C'est en vain que Voëtius, à l'inauguration de la *Haute école* d'Utrecht en 1636, représentait cet art comme un don de Dieu et que Huygens s'appliquait à en relever l'exécution dans les temples protestants ; elle déclinait peu à peu, a ce point qu'on ne trouvait même plus dans tout le pays un seul imprimeur pour publier les productions musicales. Tout « en se mêlant de ce beau métier jusqu'à la composition, » Huygens s'excuse de « n'être qu'un roi borgne au milieu des aveugles [16], » et il est obligé de recourir à un imprimeur de Paris pour éditer ses ouvrages. On citait bien encore, il est vrai, à Leyde, l'organiste Cornelis Schuyt, auteur de plusieurs recueils de madrigaux ; à Harlem, le compositeur Albert Ban, dont Descartes dans ses lettres au père Mersenne discutait les théories, et à Amsterdam les trois générations des Sweelinck ; mais c'était à peu près tout. Si elle ne produisait presque plus de maîtres originaux, la musique du moins comptait toujours comme un passe-temps assez répandu. Les hôtes des tripots et les désœuvrés des compagnies galantes qu'ont représentés les peintres de société n'y prêtent pas, il faut l'avouer, une bien grande attention, et les exécutants avinés qui y figurent ne font guère que grossir le vacarme de ces réunions équivoques. De même, dans les tableaux de Ter Borch ou de Metsu, comme dans la scène du *Malade imaginaire*, la musique n'est souvent qu'un prétexte à de tendres propos entre le professeur et l'élève. Mais parfois aussi ces peintres nous montrent un jeune homme avec une guitare ou une basse, une jeune femme à son clavecin ou avec son luth, charmant leur solitude en jouant une gavotte, ou accompagnant quelque chanson française à la mode du jour : *le Petit sot de Bordeaux, la Moutarde nouvelle, la Boisvinette* ou *Belle Iris.*

Quant à la sculpture, elle compte à peine en Hollande. Cet art y est trop peu favorisé par le climat, par les habitudes ; il ne s'y accorde ni avec le parti-pris de réalisme qui domine en peinture, ni avec le rigorisme de la religion. Le choix des formes et les études du corps humain qu'il suppose, comment s'en assurerait-il le bénéfice ? Sans crainte d'un scandale public, il eût été bien difficile, presque impossible de se procurer des modèles, et quels modèles ! Les artistes revenus d'Italie avaient bien essayé de modifier à ce sujet les usages régnants, mais sans pouvoir de longtemps y parvenir. Dans ces conditions, les sculpteurs ne trouvaient ni juges, ni occasions d'exercer leur talent. Aussi la Hollande n'en a-t-elle produit qu'un très petit nombre. Artus Quellinus, qui travailla à Amsterdam, était originaire d'Anvers, et de Jansz Vinckenbrinck, sur lequel M. Franken a récemment publié une intéressante notice [17], à part sa chaire à prêcher de la Nieuwe Kerk (1620), on ne connaît guère que de petits ouvrages qui relèvent plutôt de l'ornementation que de la statuaire. Le plus en vue des sculpteurs hollandais,

Hendrick de Keyser, est encore plus connu comme architecte. Ses *Renommées* du tombeau de Guillaume le Taciturne à Délit (1621) dénotent cependant une certaine entente du style décoratif. Quant à son *Érasme* de Rotterdam (1622), c'est la seule statue de lui où l'on puisse signaler un sentiment personnel. Cette fois, du moins, il a accepté franchement les éléments que lui fournissait la réalité, et il a su en tirer parti en représentant le sceptique érudit, avec ses traits fins et sa physionomie un peu narquoise, vêtu d'une robe de docteur, la barrette sur la tête et un livre à la main.

Les architectes n'étaient guère plus favorisés que les sculpteurs ; tandis que les modèles manquaient à ceux-ci, c'est la matière elle-même, la pierre et le bois, qui faisait défaut aux premiers. Aussi, en dehors des constructions privées, n'ont-ils rien produit de bien original. La plupart des églises ou des couvents qui avaient été élevés en Hollande au moyen âge ont, il est vrai, été ravagés ou détruits pendant la tourmente de 1566 ; mais ceux de ces monuments qui subsistent encore, comme la cathédrale d'Utrecht, celles de Gouda et de Rotterdam et Saint-Bavon de Harlem, ne sont guère remarquables que par leurs dimensions ; ils n'ont rien, en tout cas, de la légèreté ni de la richesse de décoration de certaines églises des Flandres. Au moment de la renaissance, les formes s'étaient modifiées et plusieurs édifices construits alors, telle que la halle des bouchers et l'hôtel de ville de Harlem, celui de Middelbourg, le palais des états à Hoorn et la maison du Poids à Deventer, sans être d'un style bien pur, présentent du moins de la diversité et quelque invention. La brique y tient généralement la plus grande place et les bandeaux, les moulures et les encadrements des baies sont seuls en pierre de taille. Plus tard, la construction de l'hôtel de ville d'Amsterdam devait montrer l'impuissance à laquelle était réduite l'architecture hollandaise. Quand cette construction fut décidée, les magistrats résolurent d'en faire un monument en rapport avec l'importance et la richesse de la cité. Les doctrines italiennes étaient alors à la mode, et la traduction des œuvres de Serlio avait contribué à les répandre. Hendrick de Keyser, qui fut chargé de ce travail, eut à sa disposition un. crédit considérable, et les dépenses montèrent au total de 7,825,000 florins [18]. Tous les matériaux lurent tirés du, dehors : on abattit en Norvège des forêts entières pour les pilotis ; les blocs de pierre venaient de Bentheim ou de Brème et les marbres d'Ecosse. Mais il faut bien le reconnaître, ce cube énorme, régulièrement percé de fenêtres, sans divisions ni saillies bien marquées, dépourvu de jardin, de cour d'honneur et d'entrée principale, constitue un édifice d'une simplicité architecturale par trop élémentaire, qui manque absolument de style et ne répond guère a la dépense faite.

En revanche, à Amsterdam même, on peut signaler dans un grand nombre d'habitations particulières des spécimens d'un art local ayant un caractère mieux accusé. Il semble à première vue que ces maisons de, hauteur généralement égale, rangées symétriquement de chaque côté des canaux, sont toutes pareilles. Mais en dépit de cette similitude apparente, quand on y regarde de plus près, chacune a sa physionomie particulière et nous révèle quelque chose des habitudes ou des occupations de celui qui y demeure. Sur les façades historiées qui découpent sur le ciel la silhouette de leurs pignons taillés en gradins ou arrondis en volutes, des ornements, des devises, des attributs variés rappellent sa profession, ses goûts, ses opinions politiques ou ses croyances religieuses. Entrez dans ces logis, généralement de proportions assez restreintes, même dans les quartiers aristocratiques ; vous serez frappé du bon parti qu'on a tiré de leur emplacement et du confortable qui y règne. Avec une certaine analogie dans leur distribution. Vous remarquerez la propreté de tous et le luxe sans ostentation de quelques-uns, ces cuivres toujours reluisants, ces marbres variés qui garnissent les parois ou qui forment le dallage des antichambres, ces escaliers dont les rampes sont sculptées en plein dans le palissandre, l'acajou et les bois les plus précieux. Les peintres d'intérieur nous ont familiarisés avec le mobilier de ces appartenions où, chaque, chose ost en ordre, à sa place habituelle. Les tableaux en font le principal ornement. Placés un peu haut, au-dessus des boiseries, des cuirs gaufrés ou des carreaux de faïence dont sont revêtues les murailles, ce sont des peintures de dimensions moyennes, lumineuses et claires pour être bien vues sous une lumière avare, encore tamisée par les arbres du quai voisin. D'ordinaire, leur, exécution est soignée, et leur uni précieux, bien digne de la patrie de Leuwenhoeck et de Swammerdam, est tel que le possesseur a toujours chance en les regardant d'y découvrir quelque détail nouveau qui n'avait pas encore frappé ses regards. Ceux qui, malgré da modicité du prix des tableaux, n'ont pu s'en payer le luxe ont du moins quelques gravures. Plus souvent encore des cartes géographiques sont étalées aux murs. Le commerçant peut à loisir y étudier les pays ouverts à son négoce, choisir la place des comptoirs qu'il veut établir ou chercher sur la Toute indéfinie des mers la marche de ses vaisseaux. Dans chaque famille, d'ailleurs, il y a toujours quoique fils, quelque parent, quelque ami qu'on aime à suivre pendant qu'il navigue au loin, peut-être dans ces régions glacées dont les mystérieuses étendues restent encore vides d'indications. Le long des parois, des chaises correctement espacées, ou bien une de ces solides armoires aux moulures, noires et saillantes ; sur les dressoirs, des aiguières ou des vases d'argent ciselés par quelque habile orfèvre du pays, tels que J. Lutma ou Adam van Vinnen, et çà et là des objets précieux rapportés des Indes, des laques, des ivoires finement travaillés, des tapis de Perse, des porcelaines de la Chine ou du Japon qu'on commence à collectionner et à côté desquelles les faïences de la fabrication de Delft ne feront pas trop mauvaise figure. En somme, peu d'inutilités et encore moins d'encombrement. Le jardinet attenant à l'habitation est, comme elle, propret, bien tenu, garni de fin gravier dans les allées, avec quelques arbustes aux fouilles lustrées et des fleurs, des tulipes, des anémones, des narcisses, toutes ces plantes bulbeuses auxquelles convient si bien le sol de la Hollande et dont elle faisait dès lors un important commerce.

Ces maisons, dont Van der Heyden a si fidèlement reproduit l'aspect, sont incessamment lavées, pointes et repeintes chaque année, avec cette propreté minutieuse, proverbiale, dont le souci semble exagéré, mais qui, en réalité, est commandée par l'expérience et les conditions mêmes de la vie dans ce pays. Tout, on le voit, indique l'ordre, le soin, la prévoyance ; tout porte la marque de cet esprit net, sensé, pratique dont nous nous sommes appliqué à relever ici les nombreux témoignages. Ces façades alignées, ces rangées d'arbres plantés régulièrement le long des quais, ces canaux sur lesquels glissent sans bruit les bateaux qui apportent devant chaque demeure les objets nécessaires à la vie, tout cela aux yeux de l'étranger peut respirer l'ennui et la monotonie. Le Hollandais n'est pas blasé sur ce spectacle, et cette uniformité dont il s'accommode est l'image de sa vie elle-même. Ces biens dont, par un trop facile usage, ceux auxquels la nature les a dispensés ont désappris la valeur, c'est à lui-même qu'il les doit, ils sont son ouvrage ; il sait ce qu'ils lui coûtent et ce qu'il a fait pour les mériter. Ce sol sur lequel il vit, ces constructions qui l'abritent, cette mer dont il a tiré sa richesse, cette indépendance dont il jouit, tout lui rappelle une longue suite d'efforts opiniâtres ou de luttes héroïques, et tout cela, il faut encore à chaque instant le conserver, le défendre, ainsi qu'il se le propose dans sa modeste devise : « Je maintiendrai. » En s'efforçant de se suffire et en ne comptant que sur lui-même, il a donné au monde de grands exemples. C'est pour lui et pour lui seul qu'avaient travaillé des artistes qui font aujourd'hui l'admiration de l'univers civilisé et dont on se dispute les œuvres à prix d'or. De même, en ne cherchant la vérité et le bien que pour lui seul, il a mis sa marque dans la politique, dans les sciences, dans sa façon de comprendre la bienfaisance et la religion.

Tout cela ne se découvre pas au premier coup d'œil ; mais quiconque a étudié un peu l'histoire de ce peuple et cherché à pénétrer ses mœurs et les conditions mêmes de son existence, reste frappé de sa grandeur. Jamais les qualités qui l'ont faite n'apparaissent plus évidentes qu'à ce moment de son passé ; jamais elles n'ont amené des résultats plus féconds, plus considérables. Après lui avoir acquis son affranchissement, elles l'ont rendu possesseur d'un empire colonial le plus vaste qui fut alors et dont la domination s'étendait sur près de 30 millions d'habitants. Des richesses qui lui venaient en même temps, il a fait le plus noble usage en les consacrant à la charité, à l'instruction populaire, aux grandes entreprises de ses ingénieurs, aux encouragements donnés aux sciences et aux arts. C'est là un beau spectacle, un des plus consolants qui puissent être proposés à l'homme, puisque dans cette prospérité tout se tient et qu'elle est de tout point conforme à la logique et à la justice. Chez nous, surtout, et au temps où nous sommes, il n'est peut-être pas inutile de reconnaître ce que valent pour un pays la concorde, la solidarité entre les citoyens et ces vertus morales qui demeurent, à le bien prendre, le plus réel soutien d'un état. La fortune prodigieuse à laquelle les Hollandais étaient alors parvenus, ils n'en semblaient eux-mêmes ni fiers, ni étonnés ; mais c'est avec un sentiment de religieuse gratitude qu'ils se plaisaient à en rapporter à Dieu tout l'honneur. Aux approches de 1630, Amersfoord était prise, la Frise venait d'être délivrée et l'évacuation de Bois-le-Duc allait achever la libération complète de leur territoire. Le dernier jour de décembre de l'année 1629, le Conseil des États, rendant compte des succès qui en avaient marqué le cours, déclarait aux applaudissements de tous la clôture de la session par ces paroles vraiment mémorables : « Ainsi se termine cette bienheureuse année ! Gloire et honneur en soient rendus, non à nous, mais au Dieu tout-puissant, avec notre éternelle reconnaissance ! »

Notes

1.   C'est ce portrait, connu sous le nom de l'Homme à la canne, qui a été récemment acheté 110,500 francs à la vente Secrétan.

2.   Altmeyer : Relations commerciales et diplomatiques des Pays-Bas avec le nord de l'Europe au commencement du XVIe siècle. Bruxelles, 1840 ; p. 207.

3.   1 vol. gr. in-8° ; Stockholm ; Samson et Wallin, 1886.

4.   Discours sur la méthode, 3e partie.

5.   Spinoza : Tractatus theologico-politicus ; c. XX.

6.   Bilder aus der neueren Kunslgeschichte, par Ant. Springer, 2 vol. in-8° ; Bonn, 1886. t. II, p. 171 et suiv.

7.   Médecin, théologien, érudit, Menasseh était en même temps un homme île goût, lié avec Rembrandt, à qui il commanda quatre estampes pour un de ses ouvrages : la Piedra gloriosa, et ami de Grotius, de Vossius et de Van Baerle. Ce dernier, rendant hommage à sa tolérance et à sa charité, disait de lui : Si sapimus diversa, Deo vivamus amici.

8.   Le nombre et la précision de ces allusions ont été relevés récemment dans une intéressante étude de M. J. H. W. Unger, Oud-Holland ; 1888, p. 51.

9.   Œuvres complètes de Christian Huygens. La Haye, 1888 ; M. Nijhoff.

10.   Cette dernière, née l'année même où un désastre maritime en vue de l'île de Texel avait causé des pertes assez sérieuses a son père, avait reçu par suite de cette coïncidence le surnom bizarre de

Tesselschade.

11.   Rédigée en latin, la dédicace, très pompeuse, vante a cette jeune fille accomplie, astre glorieux de la Batavie, excellant en beaucoup d'arts et cultivant la poésie avec une perfection qui dépasse celle de son siècle. »

12.   Lettre du 21 mars 1677. Oud-Holland, 1883 ; p. 74.

13.   Busken-Huet ; t. III, p. 204.

14.   Batavia illustrata. 1609, p. 122.

15.   Voir, dans la Revue du 15 août 1886, Van Mander et son Livre des peintres.

16.   Lettre à de Villiers, 20 octobre 1656.

17.   Oud-Holland ; 1887, p. 73.

18.   Un peu plus de 10,400,000 francs ; chiffre énorme pour cette époque.

ISBN : 978-1721893782